JN436460

창조문학대표시인선 · 244

늦깎이 인생

김재준 제2시집

창조문학사

□ 시인의 말

2집 내면서

자연, 순리대로 살아가는 그들의 모습을
우린 따라 잡을 수 없듯 하나 다른 이유가 있을 수 없다
다만 아름다움이 신비롭게 다가올 뿐이다
그래서 이해하기 쉽고 지루하지 않는 정서가
콤퓨터시대에 필요하지 않나해서 미련을 둬 보자
자연은 훨씬 우리보다 앞서 간다
따라 잡을 수 없기에 글이 된다
글로서 표현하려면 독자 속에 묻혀야 한다
쉽고 간결하고 여러 개 보다는
하나로 충족하는 아름다움이 바쁘게 돌아가는
독자를 멈추게 할 수 있지 않을까 해서
시대에 처진 늦깎이는 평범한 인생의 길을 접목시켜
비포장도로를 조심스럽게 열어간다. 이것이
2집을 내게 된 동기라 하겠다.

- 김 재 준

□ 추천사

시인의 섬에서 다시 꾸는 꿈

- 김재준 제2시집 『늦깎이 인생』 출간을 축하하며

권 희 돈
문학평론가

1

소설이 이야기를 담아내는 그릇이라면, 시는 이미지를 담아내는 그릇이다. 시인은 어떤 대상을 이미지화하여 새로운 어떤 것으로 만들어 내보인다. 낯익은 대상을 새로운 어떤 것으로 만들어 내보이는 것 이것이 이미지의 생명이다. 이미지를 통과한 대상은 마치 프리즘을 통과한 무지갯빛처럼 아름답고 다양하고 아름답게 변모한다. 김재준의 두 번째 시집 『늦깎이 인생』에는 연민, 사계, 그리움, 발견 이렇게 네 개의 이미지가 자리잡고 있다. 이 네 개의 이미지가 김재준 시인을 밝히는 등불로 작용한다. 때로는 흔들리는 김재준을 붙들어 매는 기둥줄기가 되기도 하고, 때로는 타자가 바라보는 선망의 대상이 되기도 한다.

2

첫 번째 연민의 이미지는 원체험의 공간 벌교 갯벌에

연결되어 있다. 그곳엔 짱둥어와 꼬막을 잡고 주산셈을 하고 자치기 놀이를 하던 어릴 적 친구가 있다. 이념이 달라 일찍 세상을 뜬 아버지와 서른여덟에 혼자된 어머니가 '미소 없음'의 이미지로 뒷산에 누워계시다. 백일장에서 당당히 이름을 올린 자신과 순천농고 시절의 패기가 손자의 손등에 비치는 파란 핏줄을 흐뭇하게 바라보는 외할머니의 시선처럼 따뜻하다. 친구도 가족도 눈 감으면 금새 보름달 같이 환한 얼굴들이지만, 의식 주체인 시인에게는 모든 인물들이 연민의 마음으로 회상된다. 유토피아 같은 고향을 떠나면서 의식 주체는 시인 자신에게로 한정되는데, 그 시절은 어지럽게 돌고 도는 회전목마의 이미지로 전환된다.

> 돌고 돌아 돌아라
> 쉬지 않고 달린다
> 목적 없는 지름길을
> 허허벌판도 아닌
> 짧은 행로를
>
> -「세월의 그림자」 2, 부분

도회의 빠른 속도가 끝이 어디인지 모르고 돌고 도는 회전목마로 실감나게 이미지화 된다. 시인은 이 현기증 나는 도회에서 열정의 기치를 올린다. 연대기처럼 기술된 사실들이 흥미롭다. 시를 좋아하다 보니 대학도 가지 않고 창의적인 국어 선생으로 학원의 명강사가 되었던 것인데, 이 소문이 퍼져 70명 학생들을 모두 과학고에 합격시키기도 하였던 것인데, 그리하여 어엿한 학원장이 되어 9시 뉴스, 추적 60분에도 출연하였던 것인데,

정부는 과학고 시험을 없애버렸다.(「세월의 그림자」3, 4). 이 마지막 문장 다음의 침묵의 내용은 장편소설로 써도 한 트럭분은 될 듯하다. 시인은 너무나도 큰 충격을 받았다. 마치 천인단애로 떨어져 트랜스(무가치감)에 빠진 사람처럼 그는 우두망찰로 붙박혀 있다.

할 말은 없다
그냥 무심코 있다
우울증이 버리고 간
짜증이 도사리고 있다
그래 울 밑에
개구멍이 있다
지금은 춥다
돌팔매질하고 싶다
가고 싶다 저쪽

– 「뭐해유」, 부분

트라우마(외상 후 스트레스 장애)로 마음의 감기인 우울증을 혹독하게 겪는다. 우울증에 걸리면 시도 때도 없이 터져 나오는 돌발성 분노, 대역죄를 지은 사람 마냥 사람을 피하는 대인기피증, 오직 죽음만이 가장 친한 벗인 듯 가까이 하고자 하는 무서운 병이다. 이처럼 어둡고 무서운 터널을 빠져나오기까지의 사연이 얼마나 드라마틱할까. 사람은 누구나 너무 끔찍한 일에 갑자기 마주하면 할 말을 잃는다. 아마 이 시기 생활인 김재준의 심정이 이러하였을 것이다. 그리고 말하고 싶지 않은 기억일 것이다.

그럼에도 불구하고 90여 편의 시 가운데「뭐해유」란 작품을 슬몃 끼워 넣은 것은 자신이 타자가 되어 자신을 바라보고 싶었기 때문이리라. 이는 자기를 타자로 볼 여유를 획득하였음을 뜻하며, 아울러 자신에 대한 깊은 연민의 마음을 표현한 것이리라. 되돌아보되 원망하거나 탓하지 아니하고 연민의 마음을 가질 때 누구든 의식의 주체를 회복한다.

3

두 번째 사계(四季)의 이미지는 흔들리는 생활인으로서의 김재준을 너끈히 떠받쳐주는 시인 김재준의 목소리가 잘 드러난다. 시인이 아니었으면 절망의 늪을 빠져나오기가 힘들었을 것이다. 사물과의 거리가 미적 거리를 유지하고 있고, 시적 대상이 모두 심미적이라는 공통점을 지닌다. 의식 주체와 대상과의 관계가 자연이나 사물과의 관계에서 해명되는 까닭이 여기에 있다.

봄의 이미지는 주로 청각적이다. 편지는 귀를 두드리는 소리로 새벽에 오고(「봄 편지」), 녹은 눈이 개울을 타고 흐르고, 개구리 소리 벌의 날갯짓 소리에 세상은 신비롭게 들린다.(「봄이 오는 소리」) 봄의 모든 소리가 합쳐져서 사랑이 봄 속에서 노란 꽃잎을 타고 온다.(「봄의 노래」) 여름의 이미지는 주로 시각적이다. 햇살은 따갑다/모든 걸 늘어뜨렸다/봄볕도 꽃비도/봄의 풍경화까지도/초록의 물결에 앗겼다(「여름의 나들목」) 꽃과 나무가 모두 지쳐있고 목을 졸라 맨 듯 숨이 찬다. 아이들이나 물장구치는 호수의 오리, 장터 모퉁이에 앉은 할머니, 소나무, 구름 종달새 모두가 더위에 풀어져 있다.(「여름 풍경」)

가을의 이미지는 다리 소리로부터 시작되다가 쓸쓸함과 방황의 이미지가 겹쳐진다. 누군가 오는 소리 들리는 것 같아/살며시 창문 틈새로/ 귀 기울여 본다(「가을은」) 그러다가 맑은 하늘 길 따라/어딘가에 있을/향기 짙은 꽃 위에/서성이는 새가 되기도 하고(「가을엔」) 강과 하늘이 접한 곳에/서 있는 가을 여인을 보기도 하고,(「가을 여인」) 어디론가 풍경에/빠지고 싶기도 하다.(「그냥」)

그러다가 겨울이 오면 시가 얼음처럼 단단해진다. 의미는 중첩되고 이미지는 견고하며 리듬은 자연스런 음악성을 띤다. 가령 객관적 대상인 눈에 대한 이미지를 보자.

> 누가 창문을 두들기나
> 찬 바닷바람이 넘겨와
> 함박눈 가로등에 모여
> 눈꽃 만드네 하얀 나비
>
> －「하얀 나비」 전문

가로등에 모이는 하얀 눈의 이미지가 겨울을 환상적인 아름다움으로 바꾸어놓는다. 눈꽃으로 환유한 심미성도 아름답지만 바닷바람을 누군가 창문을 두들기는 것으로 환유하여 시적화자가 환청으로 듣게 하는 이미지도 아름답다.

4

세 번째 이미지는 그리움의 이미지이다. 멀리 떨어있

는 것은 대상이 무엇이든 아름답게 느껴진다. 함께하지 못하는 안타까운 심정 즉 그리움 때문이다. 이 그리움이 문학의 씨앗이다. 단단한 껍질 속에 생명이 은폐된 새까만 씨앗. 그 씨앗은 그리움의 대상이 사랑일 때 의식 주체의 전존재를 흔드는 힘이 크다.「늦깎이 인생」의 사랑에 대한 그리움도 예외는 아니다. 사랑하는 임으로 추정되는 '뉘야'에 대한 대상화가 도처에서 이루어진다. 이는 뉘야가 의식주체의 중심에 자리잡고 있음을 뜻한다. 그러므로 숱한 객관적 대상이 단지 심미적 대상에 그치지 않고 의식주체의 심리와 동일시(Identificion)되어 이미지화 하고 있다. 동일시는 자신의 감정을 잠시 어떤 대상과 일치시킴으로서 심리적 안정을 얻는 방어메카니즘(Defence Mechanism)이다

아침나절 솔 향 쑥 나물은
뒷동산 소나무밭에서 나고
저녁 나절 바다 향 쑥 나물은
앞산 너머 바닷바람에서 오고
뉘야
엊저녁에 소식도 없이
내린 비는 맡고 가겠지만
넌 언제나 찾아오려나
간밤에 꿈엔 바구니를
이고 왔더구나

-「쑥」 전문

오랜 세월이 흐른 뒤에도 잊혀지지 않는 아니 잊을 수 없는 뉘야이기에 의식주체의 내면에서 함께 존재한다. 뉘야는 꿈으로 젖어보는/내 안의 너(「사랑의 메

모」)이고, 목을 길게 빼고/새벽이 오는 창으로/기지개를 펴는 미소(「란」)로 오기도 하고, 계절도 없이 눈물로 피는 꽃(「종이학」)이며, 바다가 보이는 쪽에 탱자나무 울타리하고/바닷바람과 함께 긴 밤을(「뉘야」) 보내고 싶은 님이다.

지금은 산 너머에 있는 임이지만, 아직도 봄에는 봄이 오는 소리와 함께 아름다운 미소 띤 얼굴로 찾아오고, 여름에는 아스름히 피어오르는 나팔꽃의 커다란 눈동자로 눈을 뜨고, 가을에는 기다려도 올 수 없는 낙화이었다가, 겨울에는 입김 서린 말로 눈길을 걷고 싶은 뉘야이다. 때로는 구름 형상으로도 나타나고, 때로는 까치의 사랑 놀음이나 석촌 호수의 원앙 한 쌍과 자신과 뉘야가 오버랩되기도 한다.

> 길게 뻗은 그림자의
> 행렬이 낯을 가릴 즈음
> 우리 이렇게 앉아보자
> 그믐달 넘어오는 바람에
> 으스스 떨어가며
> 쌓인 그늘의 가장자리에서
> 가쁜 숨을 몰아 쉬드래도
> 따뜻한 기운을 찾아보려
> 쪼갠 그림자로 사랑을 나누자
> 이 밤이 아름다울 거라고

- 「그래 그러자」 전문

임과 함께 하고 싶은 소망적 사고(Wishful-Thinking)는 산 너머 고향 뻘밭(「그네를 타자」)으로, 화담숲 약속의 다리(「철쭉꽃」)로, 불에 타지 않는 일기장(「망상」)

으로 갈피를 잡지 못하다가 마침내 「그래 그러자」에 이르러 절정에 이른다. 시인은 그늘 가장자리에서 가쁜 숨을 쉬드래도 '쪼갠 그림자로 사랑을 나누자'고 한다. 임과 하나 되었다가 둘로 쪼개져서 다시 사랑을 나누고 싶은 것일까. 깊디깊은 사랑에의 감정을 이처럼 쪼갠 그림자의 이미지로 표현한 이는 김재준 시인이 처음인 듯싶다. 모든 절정엔 어떤 깨달음이 온다. 이 절정에서 의식 주체는 현실을 초극하는 평안의 상태에 접어든다. 잊을 수 없는 것이/한 세월 함께 갖는 마음(「미련」)인 것이다.

5

마지막 이미지 '발견'은 매우 감동적이다. 마치 은폐된 시적 대상의 진리처럼 은폐되었던 시인의 삶을 발견하였기 때문이다. 말하자면 자연인 김재준의 삶의 진실이 비로소 탈 은폐되어 시인의 섬이라는 이상향을 발견한 것이다. 그가 발견한 시인의 섬은 시련이 크면 꽃이 화려한 것처럼 춘화현상(春化現像) 뒤에 찾은 삶의 진실이어서 더욱 값지다.

그 섬은 바로 밭이다. 흙을 닮은 꽃이 피고 벌이 날고 새싹이 투구를 쓰고 모양을 바꾸는 밭. 그 밭에 살다 보니 허약한 몸이 튼튼한 농부로 바뀐 밭이다.(「밭에 살라하네」) 아침을 여는 상쾌함이 있고, 자연의 구체적인 일부로 온종일 밭일을 하고 나면, 서녘 하늘이 마냥 아름답기만 한 하루(「밭일의 하루」)이므로, 얼어붙은 입술을 풀어놓은 듯 행복이 입술에서만 사는 밭이다.(「이게 행복일까」)

밭에 얼갈이
보따리를 쌓아보네
근육이 살아있는 것처럼
시큰거리네
모습이 가련해보여도
미소가 담긴 마음이라네
아직은 처럼 말일세

- 「칠십 중반에」

밭 한 가운에서 근육이 시큰거리도록 노동을 즐기고 있는 칠십대 중반의 한 시인이 카메라의 피사체에 잡혔다. 그곳은 색깔도 더러움도 없고/감출 것과 거짓도 없는/조용하고 편한 곳(「안개」)이다. 그곳은 선과 악, 미와 추, 옳고 그름의 경계가 없는 곳이니, 자연스럽게 물아일체(物我一體)의 경지이다. 그러고 보니 어떤 대상이든 그저 툭 던지면 시가 되는 것이다. 음험한 사내에 비유한 「장끼」, 「배추꽃」에게 거는 말, 「이방인」의 꿈, 허수아비「마네킹」, 「월세 방 청개구리」, 열무 그늘에 들어서는 「두꺼비」, 하고 많은 말 중에 하필이면 왜 접속사인지 십리를 걸으면서 줄곧 생각했다는 「if」 등 이 때의 시들은 모두 비등점(沸騰點)을 넘어섰다.

책으로 살던 자
땀으로 살자고
비비고 몸을 던졌다

- 「세월의 그림자(5)」

단호하고 결의에 찬 선언적인 언설(言說)이 독자의 가슴에 꽂힌다. 저런 결기라면 무엇을 하든 어디를 가든 두려워 할 것 없어 보인다. 그 길은 행복을 위한 길인 줄 알면서 많은 사람들이 선택하지 못하는 길이다 그러나 김재준 시인은 그 길을 기어코 만들어 냈다. 그리고 그 길을 지나 김재준 시인은 자기만의 공간에 도달하였다. "지금 내가 서 있는 곳은 하얀 얼굴과 검은 얼굴이 비춰진 거울 속의 '나'가 비탈진 고개를 뚫은 언덕의 작은 손길의 터"인 것이다. 이 터는 김재준 시인의 이상향 즉 '시인의 섬'이라고 명명할 수 있다. 김재준 시인의 제3의 인생이 여기서 환하게 열리길 기대해 본다.

늦깎이 인생
김재준 제2시집

| 차 례 |

2부 / 베네치아 카페에서

3부 / 밭에 살라하네

4부 / 세월의 그림자

1부
그네를 타자

사랑 놀음

잡풀을 뽑는 아가에겐
말이 들리지 않는다
트랙터 소리에 아가는
함지박에 눌러 앉아
꽃바람에 사랑을 탄다
아들 녀석의 콧노래가
아쉬운 봄에 끌려갈 때
당황한 까치 날개짓으로
귓볼을 놀라게 하고
또 한 까치 그 뒤를 쫓는데
석양은 해를 눕히고
사랑은 어둠과 숨박꼭질한다

그래 그러자

길게 뻗은 그림자의
행렬이 낯을 가릴즈음
우리 이렇게 앉아보자
그믐달 넘어오는 바람에
으스스 떨어가며
쌓인 그늘의 가장자리에서
가쁜 숨을 몰아쉬드래도
따뜻한 기운을 찾아보려
쪼갠 그림자로 사랑을 나누자
이밤이 아름다울 거라고

그네를 타자

하얀 벽을 올라
푸른 하늘을 만나면
오지의 낙원이 반긴다
눠야
초록빛 그네를 타고
굴뚝에 연기 나는 곳에
고구마 던져 구울까
송사리 꼬챙이에 끼어
개울녘 갈대불에 구울까
눠야
산 너머 바다의 고향
뻘밭으로 가자

사랑의 메모

꿈으로 젖어보는
내 안의 너를
곱게 접어서
하늘로 띄워
되 오는 무지개사랑을
두 손으로 모아 받을까

란

목을 길게 빼고
새벽이 오는 창으로
기지개를 펴는 미소

가슴으로 꼭 쥐었던
꿈의 애기들은
너를 향해
훨훨 날려 보낸다

뉘야

바다가 보이는 어느 쪽에
탱자나무 울타리하고
유자 향기 땡기는
바닷바람과 함께
긴 밤을 보내자꾸나

석양녘 뻘밭 가까이
반짝. 노니는 떼몰이 도요새
게에 쫓긴 짱뚱어
꼬리 휘말아 뛰고
하늘 닿는 노을빛 물결
우리 함께 살자꾸나

안개

구름 속의 하얀 아침
남한강의 물안개가
초록의 물결을 감췄다
색깔도 더러움도
아름다움도 사랑도
모두 깨끗한 세상이다
감출 것도 거짓도 없는
혼자만의 생각과
혼자만의 진행과
혼자만의 행복이
나래를 펴 간다
잠시나마 조용하고
편한 곳으로

종이학

가득한 님의 손길
병 속의 종이학 하나
물안개 위에 띄워
목이 긴 소리 없는
외침을 듣는다
놀란 빛도 즐거운 빛도
보이지 않는 먼 곳으로
잊기 위해 젖어있는
님 간 곳 어디엔가
애닯다 두물머리
어둠 속에서도
계절이 없는 꽃은
눈물로 핀다

– 양수리 두물 머리^에서

뭐해유

뭐해유
할 일 없음 잡아가도 돼요
할 말은 없다
그냥 무심코 있다
우울증이 버리고 간
짜증이 도사리고 있다
그래 울 밑에
개미구멍이 있다
파보고 싶다. 꾀 깊다
따뜻한 줄 몰랐는데
지금은 춥다
집 모퉁이 굴뚝쪽으로
산 저쪽 새 날아간다
돌팔매질하고 싶다
무료함이 실증으로
가고 싶다 저쪽
그냥 가고 싶다 저쪽

인연

비밀스러움이
더 아름다운 것은
몰래하는 사랑이
있기 때문이라오

알려고 하지않고
마음의 교환을
펼쳐보고 싶은
엿보는 인연인 것을

짝사랑

나 홀로 서 있나니
당신 먼저 가옵소서
가시다 행여 건널 수 없다면
내 등에 업히옵소서
따뜻한 등이 못된다면
서서히 내리옵소서

짓

늘상 노젓는 물결 속에
갈매기 날개 짓의 무희는
가벼운 몸짓의 탈춤 같고
돔의 비늘 빛이 손짓하듯
반기며 지나간다

망상

어떨까 망서려지는
가냘픈 사연 하나
이내 품속에서 떠난
어설픈 애기를 안고
눈물만 흘리고 있나니
가버린 사랑이언들
측은하게 보내어지지만
아픔은 가시지 않는
불에 타지 않는 일기장
어떨까 망서려지는
잊어버려야하는
시간들을

아니요

울고 있네요
곁엔 이야기가 없는
봄의 그림자를 밟고
훗날을 기다리며
이른 더위를 견디어요
잃어버려야하는
당신의 모습인데
구름의 형상으로 나타날
남쪽의 하늘은
길게 비가 오네요

석촌호수에서

빌딩 숲사이에
새어나온 사람내음
가로등의 그림자를 밟고
포근한 주머니 속을 뒤졌지
엿보기 사랑의 입맞춤
달콤한 시선의
그늘사이로 흘러서
호수의 물결과 부딪혀
물무늬가 새롭다
물안개 피어오르는
호숫가 언저리에
원앙새 한쌍 멱감는다

가자구요

날 어쩌려구요
혼자라 일컫기에는
너무 빠르잖아요
어떻할까요
희미하고 초라한 곳에서
험 없는 길을 걸을래요
그렇다말고
햇살 따라 건노라면
거짓 없는 거울이지요

철쭉꽃

봄날의 꼬리를 물고
바람이 불던 날
오지 못하는 곳으로
떠나갈 때
아침 햇살로 만든
핏빛 꽃 아름 들이
계곡에 흘려
영혼의 빛이려니
여기옵소서

- 화담숲 약속의 다리에서

미련

훗날 애타게
기다릴 것이 있다면
해맑은 웃음 하나
잊을 수 없는 것이
한 세월 함께 갖는
마음이러니

쑥

아침나절 솔 향 쑥 나물은
뒷동산 소나무밭에서 나고
저녁나절 바다 향 쑥 나물은
앞산너머 바닷바람에서 오고
눠야
엊저녁에 소식도 없이
내린 비는 맡고 가겠지만
넌 언제나 찾아오려나
간밤에 꿈엔 바구니를
이고 왔더구나

그 여름 날

나팔꽃이 눈을 떴다
아스름이 피어오르는
그녀의 커다란 눈동자
나의 얼굴을 불사르고
뜨거운 속삭임으로
가느다란 줄기를 타고
밤하늘의 별들 속에
묻혀버린 이야기들
이내 보내지 않았다고
다신들 보내지 않을거라고
나팔꽃은 눈을 감았다

소녀의 꽃 한 송이

누적된 시간들이
가볍게 몸부림친다더니
묻혀있던 피곤들이
훨훨 날아가 버렸다

봄의 모습

봐요
속삭이는 소리가
들리잖아요
두근거려요
꽃 한 아름 안고
가까이에 와
계시잖아요
봐요
미소가 아름다운
당신의 모습으로

낙화

한참이나 기다려도
오지 않는 님이기에

잃어버린 당신

흔들린 안개 속으로
비춰진 당신의 모습
못내 아쉬움 버릴까
남기지 못한 채
발자국 만 따라 간다오
텅 빈 가슴 흰 꽃으로
가득 채우고
행여나 손 내밀까
망서려지는 발걸음
조여 오는 숨소리를
안타깝게 바라본다오

눈 오는 날

걷고 싶다
따뜻한 손을 잡아
내 주머니에 넣고
발자국을 남기고 싶다

이런 날은
살갗을 달래가며
입김이 서린 말로
정을 나누며 걷고 싶다

꽃다발

뉘야
가만가만 속삭이는
봄내음 흠뻑
꽃비 정겹게 내리는
그런 날
둥근 달 속에
빨간 바구니 하나
두루뭉실 걸처있다
촛불을 켜 불거나
눈가의 주름진
웃음이 반겨운 듯
케익을 자른다

당신께 드리오

2부 베네치아 카페에서

봄의 소리

들리세요
햇볕을 타고
강을 저어오는 소릴
향기 아스름이
모자란 듯
한 끼 나물을 싣고
기지개 펴듯
설 잠 깬 아지랑이
간지럼 타는 소릴
몽실 젖어오는
젖가슴에 비추이는
새싹의 춤은
계곡의 얼음을
음지의 눈을 녹이는
소리가 들리세요.

봄 편지

누구세요
깨운다 맑은 공기 속으로
아침 햇살에 눈은 잃어도
귀를 조심스럽게
두드리는 소리
새벽에 온 편지
향기 짙은 나물의
정성이 담긴 손맛
잔잔한 물결처럼
이어지는 도마소리-
들려주는 지지배배
누구세요
제비는 엄마 목소리를
멈춘다

봄나들이

민들레 씨털개
바람타고 터 잡는
숲속의 골목을
봄놀이로 한참이면
녹색 물결에
꽃나비 춤추며
사랑받이 가고
나물 캐는 아가씨
시집을 간다

봄이 오는 소리

눈이 녹는 볕 사이로
가볍게 들리는 소리가
개울을 타고 흘러간다
꽃그늘을 매끄럽게 돌며
소나무 향기를 낚아채어
들판의 새싹들에 뿌린다
환한 미소들이 모여든다
개구리 볼소리 벌 날개짓
초록의 얼굴들이 하나씩
세상을 신비롭게 듣는다
바람에 봄이 속삭인다
무지개에 미끄럼 타듯

봄은 내일

땅 내음 물 내음 풀내음
봄은 녹색의 어머니처럼
푸르름을 다듬질하는
하늘빛 향기를
안으려든다
가버린 시간을
못다 한 꿈을 되짚는
겨울은 봄을 그리워하듯
낳고 낳은 새싹의 신비가
설레는 마음이려니
빛을 아시나요
하늘빛 향기를

봄의 노래

들려요
아련히 찾아오는
꿀 나비 노랫소리
억만년 닳아온
조약돌과 바닷물의
합창까지도
사랑은 봄 속에서
노란 꽃잎을 타고
오는 소릴 들어요,
들려요
아늑한 저음의 콧노래도

3월의 일요일

얄미운 봄비는
으스스한 몸짓으로
꽃을 만진다
젖은 꽃잎이
갈 곳 모르는
무료한 날의
어지럼이다
돌고돌고 또 도는
반환점의 중심축은
더럽혀진. 봄날이
싫은 탓일까
멀리 하늘을 타고
날아가버렸다

하얀 나비

누가 창문을 두들기나
찬 바다 기운이 넘겨와
함박눈 가로등에 모여
눈꽃 만드네 하얀 나비

애기개똥풀

못내 아쉬운 마음이라면
노란꽃 무리로 만들어
낯선 흰나비 끌어들일까
못난 게 서운한 마음이라면
유채꽃 이름 빌어 들여
선남선녀의 무대가 될까
냄새가 아픈 마음이라면
아기야 꿈으로 가는 길을
향기로 이어 고리를 만들자

양수리

- 물소리길

한 걸음 한소리
두 걸음 두소리
예쁜 소리들이
발 맞춰 간다
연꽃잎 위에
물잠자리 날개짓에
방울 소리 튀고
구비구비 깊숙이
숨어있는 소리
찾으러든다

양수리
- 두물머리

솔 그림자
깊은 물 따라
시는 흐르고
남한강과 북한강이
뒹구는 황홀경
두물머리
놀에 비추인
하얀 새끼별이
반짝반짝 춤을 춘다
화폭에 늘어선
가을 여인들
졸릴 시간도 없이

매발톱꽃

초록의 둥지에서
하얀 꽃잎이 된
백조의 사랑이
옹달샘처럼 흐르네

장미꽃

울타리 너머로
아침을 연다
얼마나 됐을까
이렇게 예쁘려면
다가와 밀려든
가벼운 떨림이
따스한 햇살되어
함박웃음을 담은
빨간 입술에
젖어있다

새벽의 물안개

물안개 속에 빠져버린
예쁜 생각이
산기슭으로 가볍게
올라간다더니
하얀 입김이 나룻터에서
머뭇거리다
간밤에 깬 아기 잉어의
꿈을 조심스럽게 만진다
넉살좋은 백발 할아버지의
함박웃음으로
산봉우리의 흔들바위
수줍은 듯 얼굴 가리운다

여름이 온다

여름이 온다
미련 없이 온다고 했는데
준비가 없다
봄의 정이 길어서
벗어나고 싶지 않은데
여름이 온다
오는 것을 막을 순 없지만
한사코 온다면
꽃잎과 함께 가고 싶다
산 너머 뉘가 있는 곳으로

6월말

여름이 탄다
뜰에는 눈이 큰
접시꽃 소녀가
짜증난 듯 지쳐 있고
실뱀의 능수화가
햇볕을 피해보려
담을 기어오른다
어젠 시원한 단비에
목을 축였는데
비 갠 오늘
따가운 햇살로
졸라맨 듯 숨이 차다

여름 풍경

뙤약볕 내리 쬐는
동구 밖 개울가에
물장구치는 아이들
길가 장터 모퉁이에
나물 보퉁이 할머니
버들가지 늘어진
그늘 물 위에
오리 저어가고
지나가던 구름
소나무 가지에
걸렸다가 풀린 듯
하늘 푸른 종달새
높이 떠 있다

여름의 나들목

햇볕이 따갑다
모든 걸 늘어뜨렸다
봄볕도 꽃비도
봄의 풍경화까지도
초록의 물결에 앗겼다
버들 실가지는
아직 남은 바람결에
,가느다랗게 웃으며
여름 길을 살랑인다
뻐꾸기 울음이 있었나
슬쩍 날개 짓으로
감춰 버렸다
여름이 왔나보다

무료함

나풀대는 코스모스
쉴 줄 모르는 흔들림
담장 밑 시든 봉선화 곁에
강아지 오수에 졸고 있다.
조용하다 파란 하늘이
해를 품어 안고
그늘을 만들려 눈치를 본다

이따금 하품이 세차게
몰려온다

가을엔

가을의 길목에 서면
꽃닢 타고 가시던
어머니 코스모스 길
울타리를 넘나드는
친구들 나팔꽃 길
어린 날 노닐던 언덕의
고모 댁 들국화 길
맑은 하늘 길따라
어디엔가 있을
향기 짙은 꽃 위에
서성이는 새가 된다

가을비

언젠가부터 우린
속삭이듯 얘길 나눴지
먼 길을 걸으며
맞으며 보태며
황새다리 사이를
졸졸 꼬불꼬불
가랑잎 몰고 흘렀지
튀는 물고기
풀잎 사이로 저으며
비친 구름 위를 타고
가을비와 함께
시냇물은
물무늬를 만들었지

그냥

내 팽개치고 싶다.
일손을
몰고 오는 서늘한
가을 때문에
어디론가 풍경에
빠지고 싶다

가을 여인

가을을 여는 사람 없소
붉게 칠한 하늘 닿는
남자 말이오
가을을 잡는 사람 없소
노란 입술의 들국화
여자 말이오
가을을 먹는 사람 없소
흔들대는 코스모스
알록달록 과일주에--
취한 사람 말이오
그리고
강과 하늘이 접한 곳에
가을 여인이 서 있다

가을 지나면

이슬바람
씨 털개 싣고
아직은 파란
풀밭으로 간다

가을은

누군가 오는 소리
들리는 것 같아
살며시 창문틈새로
귀 기울려 본다
초록 빗방울 하나
이내 정겹게 적셔든다

가을이 가려나보다

입추

말없이 와 닿는 간절함이
자근이 씹히는 된장 속
햇고추의 깊은 맛처럼
상긋한 가을을 만져볼까

초겨울 여행

짠바람 코 감도는
모퉁이 오솔길 금산몽골
곁에 소록도를 두고
해변엔 발가락이 차갑다

^보리피리^새긴 돌 뒤로
시인이 살았을 하얀 집 등지고
바람 탄 동백꽃잎을 엮지른
동백가로수 초록의 행렬

나로도 다리를 짧게 건너며
옛 섬의 사랑이 멈춘 뱃길
따뜻한 추억을 되새길 때
멀리 우주 센터 글말이
바닷바람과 함께
귓전을 때린다

눈이 오네

엄마 품을 떠난
개구쟁이처럼 살랑이다
하얀 드레스를 입은
신부가 사푼히 내려온다
뺨에 가득한 미소를 머금고
포근한 아가의 입술을 받으며
살얼음처럼 아삭한
추억의 뒤안길을
좇아가려나보다
소나무의 눈꽃이
되어버린 날
그런 날에

홍콩 야경

치솟는 빌딩 혼들이
비좁은 혼돈 거리의
창공을 흔들어 깨운다
밤을 타고
찬란히 하늘로 운집한
색채의 질펀한 늪
그 속에 빠져 헤어나지
못한 채
빛의 충혈된 눈은
황홀경에서 길을 잃었다

베네치아 카페에서

물 위의 도시, 좁은 골목
이국적 풍치련 생각이
통유리 바깥의 벚 꽃잎 하나
와인 잔에 떨어져 춤을 춘다

울퉁불퉁 억센 팔뚝에서
피어난 연약한 남빛의
배꽃을 지나 철쭉꽃 물든
남한강 물 위에 바람이 분다
라일락 향기를 스쳐 카페에

도사리 듯 이슬 머금은 햇살
엇비슷 유리를 뚫고
반짝 회고의 얼굴이
강 쪽으로 사그러든다
먼 첫사랑의 연인인 듯

은빛 강의 어귀에
준치 한마리
어깨를 내밀어 거품을 토한다
한 폭의 동양화처럼

바람이 분다
꽃비 창문에 엉긴다

3부 밭에 살라하네

밭에 살라하네

흙에서 닮은 꽃 피었네
꽃 위의 벌 꽃가루 묻혀
햇살 뚫고 집으로 가네
아름다운 모습이러니
밭에서 살라하네

흙 닮아 닮은꼴 어디에
새싹 하나 밀고 나왔네
연약한 힘 투구를 쓰고
모양 바꾸는 모습이러니
밭에서 살라하네

그리 허약했던 몸이
흙 속에 벌과 새싹과
꾸밈없고 튼튼한 농부이러니
영원히 밭에 살라하네

밭일의 하루

아침을 여는 상쾌함이
민낯으로 와 닿는다
짜릿함으로 챙겨보는
여의찮은 웃음이
흐뭇함으로 시작한다
볕이 따가운 한낮
일 밭 가장자리엔
개미들이 왕파리의
다리를 물고 늘어졌다
상처 입은 돈벌레가
제자리에서 맴돈다
밭을 일구고 나면
새들이 날개 짓으로
떨어진 나물 벌레 들을
먹느라 사람 가림이 없다
모두 나를 닮았나보다
서녘 하늘이 마냥
아름답기만하다

이방인

보이질 않는다
들을 수가 없다
맛도 멋도 생각도
.'몰라" 뿐이다
농장 안의 생물들은
모두가 생생하다
혼자는 다 보인다
들린다 맛도 멋도
생각도 미소가 감돈다
고향은 베트남이다
빨리 눈이 뜨이고픈
벙어리가 된 이방인
배부른 한국인이고 싶다

장끼

언덕바지 뙤약볕 쪽에
두루뭉실 하얀 수국 꽃
두 그루 사이를
목을 길게 뺀 장끼가
음탐한 소리로
급하게 어슬렁댄다
어낭소리도 아랑곳
셈 모르는 선머슴처럼
한쪽 눈의 범위가
더욱 커지면서
광기어린 소리로
무거운 발걸음을
한발자국 뛰었다
가슴이 큰 사내처럼

배추꽃

애교 좀 부려보렴
유채꽃처럼
한데 어울려 춤을
쳐 보든가
작고 예쁜 노란 꽃을
날려 유혹하던가
탐스런 잎사귀를 뻗어
맛깔진 기행을 잡아
허기진 애길랑
맑은 하늘에 뿌려볼까
보다 낳은 건 맛이니까

여름

열대야에 잠 못 이루는
밤에도 새벽닭은 울었지
마냥 기다리고 있어야 할
여름 밖의 가을의 색깔은
북쪽 산을 넘어 언제 오나
더위를 몰아내는 소금장수
바람타고 어디로 장가갈까
뙤약볕 하얀 구름 덩어리
갈 바 몰라 사라지고 지고
푸른 하늘 저쪽에서. 빛이
원을 그리면서 반짝 쏜다
너무 뜨겁게 강하다

두꺼비

남몰래 가져보는
애틋함이 있어
엉금엉금 가느냐
숨기고 싶은
사연이 있어
말없이 등 돌리누나
의로운 마음들은
예로부터 들어 알지만
열무 그늘로 들어서는
돌아선 모습의 눈빛이
하염 의젓함이로구나

마네킹

왜 이렇게 놀라는거야
난 눈 하나 깜짝 않는데
과수원집 딸 희야는
남 다른 데가 있다
고라니 : 밤새 뭐해
-- 난 허수아비다
토끼 : 생각하는
-- 응 아빠는 날 흔적의
그림자로 만들었어
꿩 : 세월의 그림자
-- 그래 보낸 세월을
잡을 수 없어 두고보자는
삶 : 그래서 늙지 않는
마네킹

월세 방 청개구리

시금치 숲속을 헤매다
병이 없고 충이 없는
초록의 잎사귀에
월세로 내일을 본다
잔뜩 움추린 아침에
계절을 주울 수 없어
표정이 없는 감각으로
잠을 잔다
꽉 쥐어든다 무섭게
긴 다리를 죽 펴 뛴다
오늘은 시금치를 거두어
팔리는 날이다

if

난 널 잘 모른다.
왜 아는 척 하려는지
허고 많은 말 중에
접속사냐
십리를 걸으면서
줄곧 생각했다
일할 수 있다면
일하겠노라고-
그 얘기가 그렇게
어려워서 if. 였더냐
앞으로도 생각해보자

이게 행복일가

이제나 저제나
갈피 잡을 수 없는
일들이 몸에 베인 체
흔한 날들을 멋대로
흩날려보는 삶들
얼어붙은 입술을
풀어놓은 듯
행복은 입에서만 산다

4부 세월의 그림자

늦깎이 인생

휘파람을 불어보자
머리숱이 많은 나이에
뛰다보니 반이 남았다
꽉 찬 마음의 깊이도
어느 듯 허한 벌판이다
불러보는 휘파람보다
짤막한 소리의 반응은
반쪽의 인생으로 남은
초라한 행복의 만족을
휘파람으로 불어본다.

옛적의 하루

- 제자들 생각에

호랑이 곶감 무서워
도망쳤다는 얘기가
정말인 듯 환한 얼굴
어디서들 볼꺼나

성적이 오르지 않아
손바닥의 회초리 맛
아픈 듯 청순한 얼굴
어디서들 겪을까

보일 듯 기억나 보이는
옛적이 토록 생각남은
티 없는 웃음의 얼굴
어디서들 들을까

내 고향 벌교

어델 갈거나 친구야
마냥 기다릴 순 없잖나
짱둥어 낚으러 뻘내음 나는
바닷바람 고향 뜰에 가자

맛 따라 갈거나 친구야
그냥 보여 줄 게 없잖나
꼬막 잡으러 뻘밭에
중도 방천 길 따라 걷자

전설 길 갈거나 친구야
이제 마냥 줄게 없잖나
꼬막 껍질로 다져진
주먹으로 태백산맥 넘자

셈으로 피어난 친구야
손가락 제주는 갔잖아
콤퓨터에 밀려난 주산셈
훤한 하늘만 바라볼거냐

걷자 가자 뛰자 오르자
기다릴 것이다
보여 줄 것이다

다져질 것이다
우린 나이보다 정신이 있잖아

칠십 중반에

밭에 얼갈이
보따리를 쌓아보네
근육이 살아있는 것처럼
시큰거리네
모습이 가련해 보여도
미소가 담긴 마음이라네
아직은 처럼 말일세

퇴직자

뭔가를 생각하고 있다
다리를 꼬고 앉아
꼬집어 말할 것도 없는
희미한 생각으로
낯설은 배경을 접하고
아무렇지도 않는 양
해를 집어 삼키고 있다
달을 접어 삼키고 있다

민낯

내 어머니가 그랬다
흑백사진의 옛스러움이러니
꾸밈이 없는 사랑이라고
내 누이도 그랬다
봄볕처럼 다사한 정이러니
지울 수 없는 짝사랑이라고
내 딸도 그랬다
간결하고 짤막한 미소러니
가장 자연스런 희망이라고

친구야

고무 줄 넘기 하던 영이야
공기 잡기하던 순이야
자치기, 땅 따먹기 하던 철아
깨뎅이 벗고 멱 감고
고추 고물 묻히던 친구들아
다들 어디에 있느냐
소꿉놀이 아빠 대권이
엄마 달막, 오례누나는
신통 진통 김통선생님들
만나 뵈러 먼저 간다고들
칠순 중반이 넘는 친구들아
이제 우리들의 세대가
바통을 받아들었다
저 세계로 가야만하는
아름다운 추억을 먹은
우리들 인연의 세대
어디에서 어떻게 살았던
어린 시절은 꾸밈이 없는
잊을 수 없는 자랑거리
언제라기보다 지금
만나자 오늘의 기억을
내일 세대에게 말하기 위해

친구

앗 참 잊었네 우릴
어릴 적 동창이라는
한 세대에 살면서
구김 없이 살지 않았나
옛 부터 있는 터이기에
더 더욱 가까운 것은
사랑과 영원한 의지를
스치고 말았을 사이는
아니잖나 친구여
헌데 해어져야할 시간
그것도 한 사람 한 사람
잔인한 이별을
길게 가져야 할 시간들
멀리 노을빛 하늘을
재면서

정월 보름달

누굴 닮았나
오곡밥 담은
아빠 그릇 닮았네

누굴 닮았나
각종 나물 담은
엄마 접시 닮았네

누굴 닮았나
귀발개 백소주 담는
할배 소주잔 닮았네

모두 다 닮았네
환한 웃음의 가족
행복이 담긴 그릇들이,

제사

연잎 한 닢 꺾어 와
꿇은 무릎 밑에 깔아놓고
이틀 부족한 팔월 보름달
어머니 모습에 두 배 절하는
간절한 꿈 뵈올 날 없어
이렇게 문안드립니다

칠월 백중

새벽 대문을 나서니
하얀 소복의 어머니께서
반긴다 깜짝 오늘이~
찾아도 눠와 빈대떡에
막걸리 생각이 있었습니다
같이 한잔 하시죠
깜박 잊을 뻔 했습니다
생신을

어떻게 할까요

애타게 기다렸는데
그냥 당신처럼 웃지요
두근대는 기다림인데
늘 같은 얼굴이라면
어쨌든 웃어버리죠
바람만 불러댄다면
웃지만은 않을테죠

어머니(1)

어머니
우리 창규가
하얀 하늘이 보인답니다
어머니. 우리 창규가
악녀가 보인답니다
어머니. 우리 창규가
요란한 짐승들의
울음소리가 들린답니다

그런데 어머니
왜 애비의 눈시울이
뜨겁게 적셔올까요

어머니(2)

어머니, 우리 창규가
푸른 하늘이 보인답니다
어머니, 우리 창규가
아이들이 보인답니다
어머니, 우리 창규가
청랑한 물소리와 새들에
노랫소리가 들린답니다

그런데 어머니
어머니의 보호를
받으신 걸까요
애비는 그런 기쁜 생각이
듭니다 어머니

죽음

점점 압박해 오는
소리가 들려온다
하나 눕혔다
하나 눕혔다
누구의 차례가 필요 없이
다음은 나다
허망한 존재의식이다
함께 손잡자
손 흔들자
멋진 죽음을
맞으면서

친구.
김길부 명복을 빕니다

죽는다는 것

울림은 한걸음의
밀착된 소리의 순서다
영원토록 우린
같은 목록으로
살진 않았지만
세대의 운명은
영원한 삶이 없고
짧은 시간의 흐름 속에
추억만 남기고
사라질 뿐이다

한가위

환한 미소의
어머니 얼굴
입맛 감도는
어머니 손맛
정성이 깃든
어머니 사랑
옛 정을 담은
바구니 가득
달님 그림자
따라서 가네

합장

사상이 다르기에
널없이 엎드린 아버지
서른여덟에 과부되어
기부스 채로 누워계신
미소 없는 어머니
하얀 골 타는 냄새로
골짜기 가득한 속에
칠십년 생이별
극락 결혼하셨네

세월의 그림자(1)

- 학생시절

고놈 손등에 핏줄
한번 잘 생겼다
꿈꾸듯 바라보는
외할머니 말씀
어쩌렴
꼴찌의 모든 것
혼자 가진 자들의
대명사인 군단 속에서
어떨까
학도주보 백일장에도
내가 있었다
순천시 백일장에도-
내가 있었다
순천농고는 없어졌지만
우리세대에 우린 있었다

세월의 그림자(2)

- 회전목마(청년시대)

돌아 돌아 돌아라
쉬지 않고 달린다
목적 없는 지름길을
허허벌판도 아닌
짧은 행로를
힘 있는 세대가
힘없이 돌고 돈다
보이지 않는 곳에서
끝이 없는 어둔한
생활의 연속은
그러니까 그런 것
돌아라 돌아 돌아

세월의 그림자(3)
- 선생이 되다(1980년대)

시를 좋아하다 보니
국어선생이 되었네
국어 강의를 하다 보니
학원의 명강사 되어
삼백 명 교실도 부족 하네
문답식 해설 뼈어 읽기
창의적 강의가 통했네
한 시간 강의를
네 시간 연구한 보람으로
나의 노래는
전철을 타고 흘렀네
숨은 노력의 영광이여

세월의 그림자(4)

- 학원장되다(1990년대)

오래 된 신문이
찢어진 채 발에 걸렸다
오늘의 운세
동남쪽에서 귀인이 오겠다
쓴 웃음에
대학 졸업 시험을 포기했다
귀인은 우수자
십칠 명을 데려와
모두 과학고에 합격시켰다
학원은 현수막이
바람에 날렸다 신들린 학원
바야흐로 전성시대의 막이
장안을 휩쓸어 버렸다
귀재들이 모인 명문 학원
9시 뉴스, 추적 60분
정부는 두고 보지 않았다
과학고 시험을 없애버렸다

세월의 그림자(5)

- 역주행자 (장년시대)

보였나 여름 속을 걷는
칠십 중반의 역주행자
찌는 듯한 뜨거운 햇살이
모자를 뚫고 대머리에 찔렀다
아찔하지만 아직 여유 있는
땀 속에 웃음이 비춰 진다
책으로 살던 자
땀으로 살자고
비비고 몸을 던졌다
참음으로 싸운 것
비틀됨이 단련으로
하얀 얼굴과 검은 얼굴이
비춰진 거울 속의 나
지금 내가 서 있는 곳은
비탈진 고개를 뚫은
언덕의 작은 손길의 터
검은 얼굴의 웃음이 깃든
제3의 인생을 찾을까

끈

꿈 많은 시절에
울림과 여운으로
남도 칠 백리 가로수
꽉 찬 열매의 향기가
주변을 묶여왔던 끈

운률과 꿈을 좇아
어려운 생활의 질주로
열매 없는 삭막한
서정 속에서도
네가 앉아 있고
내가 서 있다

만선의 작은 행복 속에서도
낭떨어지의 절박한 순간에도

끊어질 듯 이어져 온
강남골 시 낭송회의
가득한 시인의 해후는
늦깎이 봄을 맞는다

봄을 맞는다
창조문학에서
늦깎이 인생을 본다

□ 해설

서정성의 대화체

- 김재준 제2시집 『늦깎이 인생』에 부쳐

이 영 지

시인 · 문학박사

김재준 시인이 두 번째 시집 『늦깎이 인생』을 상재하게 되었다. 첫 시집을 낸 것이 2년 전인데 또 시집을 내게 되었다.

김재준 시인은 지금부터 20년 1995년에 창조문학 겨울 호로 시 「새벽」 「풍경」 「봄」 「가을」 4편이 신인상 수상을 한 뒤 당시 그는 시 당선소감을 다음과 같이 밝혔었다.

> 가느다란 희열, 짜릿한 뼈 속 깊이 와 닿는 밤, 오십의 중반에 선 분명한 현실 앞에서 눈의 추억들이 천정 무늬 속에 잠겨 든다,.
>
> 이에 생활인으로서 시 속에 묻히는 것과 활의 굴레바퀴를 맴돌다 신선한 향기에 젖어오는 마음이 있어 고향을 찾는 바램으로 초점의 무늬에 서 보는 것이다.
>
> 다시 붓을 잡게 해 준 옛 문우 박문재 시인과 홍문표 박사님, 만족하지 못했으나마 용기를 갖게 해준 창조문학사 여러분께 깊이 감사드린다.
>
> - 김재준 당선소감 '신선한 향기로 젖어오는 마음」

그의 등단 작품은 「새벽」이었다.

바탕 없는 하얀 무늬
붉은 해
안개 감싸고

푸른 요령소리
파문으로 이어지는
내일

햇살에 뛰어오른 잔나비
높새 타고
들어서는
불

- 김재준 「새벽」 창조문학 신인 등단 작품

20년 전의 등단작품이 제시하듯 김시인의 작품경향은 "햇살에 뛰어오른 잔나비 /높새 타고 / 들어서는/ 불" 열정으로 "봄의 가슴을 열어" 20년 뒤에도 사랑의 끈을 대화로 열어 봄을 즐긴다는 점이다. 여기에 늦깎이 인생은 봄을 맞고 있다. 이러한 이유는 20년이 아니라 200년이 이어질 수 있는 것이고 우리나라의 오천년과 이어지는 시의 끈은 서정성이라는 점이다.

이 단단한 끈을 붙들고 있는 김 시인은 이번에 『늦깎이 인생』이라는 시집을 통하여 서정의 고향을 다시 한 번 찾고 있다. 그만큼 우리에게 있어서는 우리 고유문학 특히 한국문학이 서정성이 중요하다. 가장 서정성이라면 가장 오래된 시가 고구려 2대왕 유리왕이 지은 황조가에서이다. 유리왕의 계비 치희와 화희가 서로 반목하면서 치희가 집을 나가 돌아오지 않자 뒤따라갔다가 끝내 혼자 오면서 "훨훨 노니는 노란 새는 암수 서로 의지하는데 나는 혼자구나. 누구와 더불어 돌아갈꺼나"[1]하였

---

1) 편편황조(翩翩黃鳥) 펄펄 나는 꾀꼬리는

다는 기록이 삼국사기 고구려 본에 있다.

이러한 서정은 그 이후에도 계속 되어오면서 황진이시조나 그리고 김소월 시로 이어진다. 시대의 구애되지 않는 우리의 서정성이 김재준 시의 서정적인 대화체에서 그대로 그 끈이 유지되고 있다. 그런데 김재준 시인의『늦깎이 인생』이 보여주는 서정성은 '뉘야'라는 대상과의 사랑이야기를 호소력 있게 대화체로 접근하고 있는 점이다. 대화의 끈은 사랑을 주제로 한다.

시적 화자가 대화체를 통한 고유의 사랑을 공유하고 있는 뉘야는 혼자만의 독백이 아니라 늦깎이 삶의 가치를 안내하고 있다는 점에서 이 시집의 중요성이 대두된다. 참다운 삶을 안내하는 이 시집은 외로움이나 괴로움보다는 삶의 긍정적인 생활방식을 통해 일상의 참맛을 전재로 하면서 주어지는 들판의 삶들에서 벌어지는 생물과 식물에 대한 살아있는 것들의 그 찬란한 몸짓을 함께 공유하기는 물론이려니와 김 시인이 같이 누려가고 있는데 있다. 바로 김 재준 시인이 보여주는 향토성에 젖는 사랑이야기는 그 대화의 대상자 뉘야와 더불어 같이 사랑의 이야기 대화체로 들려주면서 옆에서 속삭이듯 소곤소곤 이야기 해주고 있다.

일찍이 황조가를 비롯하여 황진이 시조 그리고 소월시의 서정성은 모두 시적 화법으로 한 대화체임에 비추어 보면 매우 단단한 전통계열에 속하는 서정 시인이 된다. 김재준 시인의 더욱 매력적인 것은 사랑이라는 구체적 시어를 사용하기보다 일상에서 연인 끼리 하는 육감적인 자연스런 일상의 대화를 시어

자웅상의(雌雄相依) 암수 서로 놀건마는
염아지독(念我之獨) 외로운 이 내 몸은
수기여귀(誰其與歸) 뉘와 함께 돌아갈꼬 -고구려 제 2대 유리왕(瑠璃王).

로 건져 올리고 있는 점이다.

우리나라 사람들이 평소 하는 그리고 연인 사이에서 일어날 수 있는 사랑 내음새의 대화체 그대로 옮겨놓아 호소력과 정감을 같이 얻어내고 있다. 평소 대화체 그대로가 시의 제목으로 옮겨 앉는다. 그 제목들은 김 시인의 『늦깎이 인생』 1부 '그네를 타자' 는 1부 첫 제목부터 충격적으로 닥아 오기 시작한다. 「사랑 놀음」을 비롯하여 「그래 그러자」 「그네를 타자」 「뉘야」 「뭐해유」 「짓」 「가자구요」 「쑥」 「그 여름 날」 「꽃 한송이」로 한다.

봄의 서정을 이미 20년 전 신인 문단 등단 때 노래했는데 그대로 『늦깎이 인생』에서 오히려 구체적으로 2부 '베네치아 카페에서'에서 한창 불같은 여름날의 열정을 늦깎이의 봄으로 하고 있다는 점이다. 「봄의 소리」 「봄 편지」 「봄나들이」 「봄이 오는 소리」 「봄의 노래」로 한다. 「하얀 나비」로 날아오르는 늦깎이 인생을 구체화한다. 역시 대화체 그대로의 제3부도 '밭에 살라하네' 제목 부터가 그러하다. 인생 늦깎이에서 새로이 경험하는 사업을 신선한 제목으로 하고 있다. 일평생 농부가 아니던 삶에서 전연 다른 사업이 전개되면서 새로이 만나는 늦깎이 인생의 경이로움이 그대로 묻어나 「밭에 살라하네」 「장끼」 「배추꽃」 「두꺼비」 「월세 방 청개구리」 등의 작품이 쏟아져 나온다.

옆 사람에게 이야기하듯 대화체 형식의 이 서정성의 근거가 되는 김재준 시인의 원본 이력은 학원장으로서 그리고 국어강사로서의 실력이 그대로 그 끈을 놓지 않아서이다. 오늘이 있기까지 즉 어떻게 이러한 서정적인 시를 쓰게 된 것인지를 바로 국어교사로서의 시를 쓰던 고향 이력이 되어 바쁜 학원장이었던 시절도 함께 있었던 서정 그대로 시를 만든 것이다. 삶을 시로 만드는 작업은 늦깎이 인생의 노하우이다. 함부로 하루아침에 이루어지는 것이 아니라 밭의 채소들이 햇살을 받으면서 자라는 경이로움으로 동화되면서 즐기는 늦깎이 인생이다.

즐기면서 생업에 주력하는 일은 멋지게 사는 삶이다. 이러한 시의 소이를 밝히는 이 지상에서 살아온 날들은 어제와 오늘의 단절이 아니라 지금의 김 시인이 있음을 밝히는 가장 떳떳함을 공개한다. 늦깎이 인생의 황금시대를 여는 비결을 이 시집에서 공개하고 있다.

숱한 사람들이 숨기고 있는 지난날의 이력이 아니라 정말 인생의 맛을 전해주는 그 사랑의 끈을 대화로 여전히 시의 끈으로 하는 은근과 끈기의 서정성은 시로 재탄생되어 오늘의 영광을 가져올 수 있는 일이다.

1 사랑시의 대화체

김 시인의 시는 사랑시의 대화체이다. 사랑시라는 의미만으로도 격조 높게 이끌어 갈 수 있는데 김 시인의 열정은 이 사랑시를 대화체로 하고 있다는 데에 시의 우수성이 있다. 시의 대화체란 누구와 대화하는 내용이 담기는 이야기식의 대화시다. 고백이나 독백의 혼자만의 대화시도 있겠지만 김 시인은 이야기 식의 서정이 담긴 '뉘야'에 대한 절절한 그리움의 개인 서정을 아예 김재준 시인은 시집 그 많은 순서의 처음에 「사랑 놀음」이라는 충격으로 전해준다.

잡풀을 뽑는 아가에겐
말이 들리지 않는다
트랙터 소리에 아가는
함지박에 눌러 앉아
꽃바람에 사랑을 탄다
아들 녀석의 콧노래가

아쉬운 봄에 끌려갈 때
당황한 까치 날개짓으로
귓볼을 놀라게 하고
또 한 까치 그 뒤를 쫓는데
석양은 해를 눕히고
사랑은 어둠과 숨박꼭질한다

–「사랑 놀음」

길게 뻗은 그림자의
행렬이 낯을 가릴즈음
우리 이렇게 앉아보자
그믐달 넘어오는 바람에
으스스 떨어가며
쌓인 그늘의 가장자리에서
가쁜 숨을 몰아쉬드래도
따뜻한 기운을 찾아보려
쪼갠 그림자로 사랑을 나누자
이 밤이 아름다울 거라고

–「그래 그러자」

사랑 놀음의 가장 처음 하는 일은 잡풀을 뽑는 일이다. 이러한 값어치의 사랑 놀음 가치는 삶의 질을 열어 놓는 일이다. 시적 화자는 '아가'이다. 귓불을 붉히는 어여쁨을 선사하는 여인으로 하여 감히 아주 저돌적으로 그의 사랑내력을 밤과 어둠의 시간으로 정하고 그 안에서 이루어지는 사랑이야기를 쪼갠 그림자로 택한다. 육감적인 시어들을 구체화하면서 사랑방법은 따뜻한 가슴으로 늦깎이의 인생답게 "쪼갠 그림자로 사랑을 나누자"라는 것이다.

이러한 대화체 형식은 시집 제목이기도 한 「그네를 타자」에서 더 구체화된다.

하얀 벽을 올라
푸른 하늘을 만나면
오지의 낙원이 반긴다
뉘야
초록빛 그네를 타고
굴뚝에 연기 나는 곳에
고구마 던져 구울까
송사리 꼬챙이에 끼어
개울녘 갈대 불에 구울까
뉘야
산 너머 바다의 고향
뻘밭으로 가자

-「그네를 타자」

"뉘야"는 김 시인의 공개적 시적 대상이다. 첫 시「사랑놀음」에 대한 구체성으로 안내되는 "뉘야/ 초록빛 그네를 타고/ 굴뚝에 연기 나는 곳에/ 고구마 던져 구울까"라 한다. 초록빛 그네의 젊음으로 사랑하는 뉘야를 태우고 굴뚝에 연기 나는 곳에 고구마를 구울 김 시인의 늦깎이의 능력을 보여준다. 그러기에 그네를 타자는 것이다. 이러한 김 시인의 시적 대화의 구체성은 호소력으로 대상이 그렇게 하지 않으면 아니 될 참맛을 굴뚝에 연기 나는 곳으로 하고 있다. 그래서 산 너머 바다의 고향 뻘밭으로 가자는 청유형이다.

뻘밭으로 가야하는 이유는 같이 긴 밤을 함께 나누기 위해서다.

바다가 보이는 어느 쪽에
탱자나무 울타리하고
유자 향기 땡기는
바닷바람과 함께

긴 밤을 보내자꾸나

석양녘 뻘밭 가까이
반짝. 노니는 떼몰이 도요새
게에 쫒긴 짱뚱어
꼬리 휘말아 뛰고
하늘 닿는 노을빛 물결
우리 함께 살자꾸나

-「뉘야」

아예「뉘야」라는 시 제목으로 하는 사랑하는 대상과 함께 가는 곳은 바다가 보이는 어느 쪽에 탱자나무 울타리 하고 유자향기 땡기는 바닷바람과 함께 긴 밤을 함께 보내자꾸나 이다. 이러한 설득력은 하늘 닿는 노을빛 물결이 있어서이고 이곳에서 '뉘야'랑 함께 살자이다.

함께 하고 싶은 여인 뉘야의 매력은 무엇일까! 뉘야의 모습은 난 모양이다.

목을 길게 빼고
새벽이 오는 창으로
기지개를 펴는 미소

가슴으로 꼭 쥐었던
꿈의 얘기들은
너를 향해
훨훨 날려 보낸다

-「란」

훗날 애타게
기다릴 것이 있다면
해맑은 웃음 하나

잊을 수 없는 것이
한 세월 함께 갖는
마음이러니

-「미련」

미소가 아름다운
당신의 모습으로

-「봄의 모습」에서

김 시인의 뉘야는 난 같은 여인이다. 이 난 같은 여인은 김 시인의 내 안의 너로 자리 잡고 있다. 그녀의 모습은 "해맑은 웃음 하나"를 가진 여인이고 그 해맑은 "미소가 아름다운" 사람이다. 이토록 전 생을 걸어 좋아하는 대상의 모습은 이미 김 시인도 물들어 인생의 좌표가 되어있고 뉘야 여인으로부터 김 시인에게 다가오는 선물이다.

뉘야
가만가만 속삭이는
봄내음 흠뻑
꽃비 정겹게 내리는
그런 날
둥근 달 속에
빨간 바구니 하나
두루 뭉실 걸쳐 있다
촛불을 켜 불거나
눈가의 주름진
웃음이 반겨운 듯
케익을 자른다

당신께 드리오

-「꽃다발」

뉘야는 정말 "바다가 보이는 어느 쪽에/ 탱자나무 울타리하고/ 유자 향기 땡기는/ 바닷바람과 함께/ 긴 밤을 보내자꾸나" 하는 그런 사이로 "우리 함께 살자꾸나" 한다. 아주 구체적인 대화의 대상 호격 「뉘야」 이 뉘야는 김 시인의 깊은 내면 속에 자리 잡혀 더러는 직접 마주대하지 않더라도 김 시인 삶의 이정표가 되어 있다. 아침나절 솔 향 쑥 나물 같은 모습으로 뒷동산 소나무밭에서 나고 저녁 나절 바다 향 쑥 나물이 앞산너머 바닷바람에서 오는 뉘야의 그 쑥 같은 여인이다. 쑥의 나물이미지보다 쑥이라는 의태어로서의 시 은유를 통해 김 시인은 뉘야의 대상에 대한 육감적 표현으로 대한다. 막연한 존경의 대상이 아니라 가장 사랑하는 여인으로서 자리 잡혀 꿈에서조차 바구니를 이고 오는 여인이다. 바구니를 든 여인이다.

이 여인과 김 시인의 시적 화자 사이에는 미움이 없다. 아주 가까이에서 바구니 선물을 주고받는 사이이다. 바구니 안에 든 것은 가만가만 속삭이는 봄 내음이다. 정겹게 내래는 정이다. 둥근 달이다. 그냥 달이 아니라 둥근 달 속에 이다. 더군다나 빨간 바구니 하나이다. 시적 화자와 뉘야 사이에 사랑이 두루뭉실 걸쳐있다. 그 다음 행위는 촛불을 켜 불거나라고 권유한다. 이 때 드러나는 모습은 눈가의 주름진 얼굴이다. 늦깎이 인생이다. 반겨운 사이이다.

이 둘은 케익을 자른다. 그리고 구체적으로 누가 누구에게라는 말은 없지만 "당신께 드리오"이다. 「꽃다발」 시이다. 서로 꽃다발을 주고받을 수 있는 사이이다. 사랑의 꽃다발을! 그러기에 김 시인과 뉘야는 함께의 뉘야이고 하자꾸나 하면 따라 나설 뉘야이고 꽃다발을 주면 받을 사이이며 또 뉘야가 전해주는 꽃다발을 받을 김 시인의 시적 화자자신이다. 꽃다발을 받을 만한 늦깎이 인생이다.

따라서 과거와 현재와 미래까지도 이어지는 끈으로서의 뉘야이다. 김 시인의 사랑하는 대상 뉘야와 더불어 늦깎이 인생의 행복노래는 꿈으로 젖는 나날이다.

꿈으로 젖어보는
내 안의 너를
곱게 접어서
하늘로 띄워
되 오는 무지개사랑을
두 손으로 모아 받을까

-「사랑의 메모」

늦깎이 인생은 두 손으로 모아 받을 사랑, 무지개 사랑이다. 무지개는 오색찬란한 빛으로 하늘 저 편에 떠 있는 내 안의 너이다. 너 안에 있는 나이다. 이런 늦깎이 인생을! 그런 뉘야를 곱게 접어서 하늘로 띄우는 김 시인의 나날은 지금의 우리의 시를 쓰는 늦깎이 인생이다. 사랑의 시 이야기 전개이다.

날 어쩌려구요
혼자라 일컫기에는
너무 빠르잖아요
어떻할까요
희미하고 초라한 곳에서
험 없는 길을 걸을래요
그렇다말고
햇살 따라 건노라면
거짓 없는 거울이지요

-「가자구요」

가자구요! 단호하게 내 딛는 늦깎이 인생은 거짓 없는 거울이다. 거짓 없는 둘이 하나가 된 둘의 모습이다. 일반적인 전통의 님이 이별의 한을 노래하고 있는데 반하여 김 시인의 뉘야는 거짓 없는 지금의 거울이다. 늦깎이 인생이 같이 가고 있는 찬란한 길이다. "거짓 없는 거울이지요" 거짓 없는 거울로 둘은 봄날의 꼬리를 물고 일어서 걷는다.

봄날의 꼬리를 물고
바람이 불던 날
오지 못하는 곳으로
떠나갈 때
아침 햇살로 만든
핏빛 꽃 아름 들이
계곡에 흘려
영혼의 빛이려니
여기옵소서

-「철쭉꽃」에서

참 만나는 이와는 영혼이 하나가 되는 사이이다. 약속의 다리에서 만나는 '뉘야'이다. 황조가 서정의 정서에서 고려가요 서경별곡에서 그리고 가시리로 이어지는 더구나 소월의 진달래꽃으로의 그 긴 끈을 단단히 붙잡고 김 시인의 늦깎이 인생은 사랑하는 이와 영혼이 하나가 되는 삶의 행복을 누리고 있다.

그렇다면 김 시인의 시적 화자가 시를 통해 제목에서까지 "아니요"라고 하는 시 「아니요」 시는 무엇인가?

울고 있네요
곁엔 이야기가 없는
봄의 그림자를 밟고
훗날을 기다리며
이른 더위를 견디어요
잃어버려야하는

당신의 모습인데
구름의 형상으로 나타날
남쪽의 하늘은
길게 비가 오네요

- 「아니요」

강하게 부정하고 있는 김 시인의 「아니요」의 단호성은 바로 비로 인한 그의 대상의 못 만남에서이다. 결단코 만나야 할 님은, 그리고 하나가 되는 뉘야를 만나는 날은 비가 아니 오고 구름이 뭉게뭉게 피는 남쪽의 하늘이어야 한다. 구름은 신학적으로 보면 말씀이다. 그리고 이 말씀이라는 경어의 표현은 절대자 님의 모습이다. 그러기에 김 시인이 추구하는 위안과 위로와 삶의 가치를 실어주는 님은 해가 비치는 햇살 따라 드러나는 구름을 가진 그리고 그 맑은 구름을 보는 일이다. 수평적으로 바라보는 대상도 아니고 밤에만 만나는 대상도 아니다. 맑은 날 남쪽하늘을 통해서 만날 수 있는 마음의 대상이다. 사랑하는 이다. 시이다. 평생 그토록 사랑의 끈을 놓지 않는 시이다.

시인이 왜 시를 써야 하는가! 시인의 숨김없는 정서를 은밀한 목소리로 읊는 서정시가 있기 때문이다. 외로움이나 이별의 한을 넘어서는 그 끄나풀을 놓지 않는 믿음이 서정은 그 옛날 정과정에서 구운밤 닷되를 구워 그 밤이 싹이 나야만 님과 나와 이별하고 철 치마가 다 닳아야만 님과 나와 이별한다는 이 한국고유의 서정성에서 김 시인은 그의 정서의 끈을 잇고 있다.

이러한 서정적 끈기는 김 시인이 늦게 새로운 사업에 골몰하면서 경이로운 새로운 일상을 맞는 일상에서도 시의 기록으로 사랑의 끈을 그대로 유지한다. 바로 삶을 즐겁게 살면서 그 안에서 시를 건지는 일이다. 이러한 일기기록형태의 김 시인의 사랑 시는 『늦깎이 인생』을 봄으로 바꾸는 활력소가 된다.

2. 봄의 삶으로 바꾸는 늦깎이 인생

늦깎이 인생에 도전장을 내민 김 시인은 구체적인 방법을 제시한다. 그것은 가만히 있는 것이 아니라 사람냄새가 사는 사랑의 삶을 사는 일이다. 그것은 살닿음이다.

"따뜻한 손을 잡아/ 내 주머니에 넣고/ 발자국을 남기고 싶다"

걷고 싶다
따뜻한 손을 잡아
내 주머니에 넣고
발자국을 남기고 싶다

이런 날은

살갗을 달래가며
입김이 서린 말로
정을 나누며 걷고 싶다

-「눈 오는 날」

들리세요
햇볕을 타고
강을 저어오는 소릴
향기 아스름이
모자란 듯
한 끼 나물을 싣고
기지개 펴듯
설 잠 깬 아지랑이
간지럼타는 소릴
몽실 젖어오는
젖가슴에 비추이는

새싹의 춤은
계곡의 얼음을
음지의 눈을 녹이는
소리가 들리세요.

－「봄의 소리」

누구세요
깨운다 맑은 공기속으로
아침 햇살에 눈은 잃어도
귀를 조심스럽게
두드리는 소리
새벽에 온 편지
향기 짙은 나물의
정성이 담긴 손맛
잔잔한 물결처럼
이어지는 도마소리
들려주는 지지배배
누구세요
제비는 엄마 목소리를
멈춘다

－「봄 편지」

새벽에 일찍 밭에 나가 만나는 새싹들의 행렬은 새벽에 온 편지이다. 여기에 곁들여 향기 짙은 나물의 정성이 담긴 손 맛을 느끼는 일이다. 그냥 새싹이 있는 들의 광경이 아니라 이 나물들을 정성들여 해 주는 손맛을 느끼는 삶의 경험이다. 도마소리이다.

살 닿음의 아름다운 일이 일어나는 곳에는 도마소리가 있다. 그러기에 삶의 형태가 바뀌어 져도 그 안에서 건져 올리는 하늘 저편의 말씀이 전해주는 경이로움에 취하는 일이다. 시를 듣는 슬기로움이다. 들려주는 지지배배 음성이다. 누구세요 하며 대화체로 한다.

김 시인은 『늦깎이 인생』을 통하여 그래도 미련이 남는 인생이라면 대화의 고리를 만들자고 제안한다.

> 못내 아쉬운 마음이라면
> 노란 꽃무리로 만들어
> 낯선 흰나비 끌어들일까
> 못 난 게 서운한 마음이라면
> 유채꽃 이름 빌어 들여
> 선남선녀의 무대가 될까
> 냄새가 아픈 마음이라면
> 아기야 꿈으로 가는 길을
> 향기로 이어 고리를 만들자
>
> -「애기개똥풀」

김 시인은 인생의 늦깎이에서 미련에 대한 마음의 구체성을 고리를 만들자고 제안한다. 이 아쉬움에 대한 정의를 못내 아쉬운 마음이라면 노란 꽃무리로 만들어 낯선 흰나비 끌어들이든지 아니면 유체 꽃 이름 빌어 들여 선남선녀의 무대를 만들 수도 있다. 그러나 이런 것 다 그만 두고라도 늦깎이 인생에서의 정답은 이 늦깎이 인생을 "아기야 꿈으로 가는 길을/ 향기로 이어 고리를 만들자"라고 제안한다.

역시 대화체로 호소한다. 과거와 현재와 미래를 잇는 고리를 대화의 끈으로 만들기 위해서이다. 고리로 엮어진 끈을 만들기를 김 시인은 시적 화자를 통하여 대화체 형식으로 청유하고 . 사랑의 끈으로 엮기를 소망한다. 그러기에 이 자리는 영광의 자리이다. 단단한 사랑의 끈으로 만들어진 향기를 고리로 한다. 사랑의 끈으로 역어진 고리로 너와 내가 어우러지며 같이 즐기는 늦깎이 인생이 만들어내는 자리이다.

김재준 제2시집

늦깎이 인생

2016년 9월 10일 인쇄
2016년 9월 11일 발행

지은이 김 재 준
펴낸이 신 용 호
펴낸곳 창조문학사

서울 서대문구 홍은동 397-26 동천아카데미 5층
등록번호 제1-263호
전화 374-9011, Fax 374-5217
공급처 한국출판협동조합 전화 716-5616~9

값 10,000원
ISBN 978-89-7734-471-6